JN410238

신의 섬으로 가서

| 정표년 시조집 |

시사랑 시인선 42 / **정표년 시조집**

신의 섬으로 가서

인쇄 —— 2006년 4월 5일
발행 —— 2006년 4월 10일

지은이 — 정표년
펴낸이 — 장호병
펴낸곳 — 북랜드
110-061 서울 종로구 신문로1가 7-2 세종BD 405호
대표전화 (02) 732-4574 | (053) 252-9114
팩시밀리 (02) 734-4574 | (053) 252-9334
교열 —— 배부성
편집 —— 김인옥
표지장정 — 정현수
영업 —— 최성진

등록일 — 1999년 11월 11일
등록번호 — 제13-615호
홈페이지 — http : //www.bookland.co.kr
이-메일 — editor@bookland.co.kr

ISBN 89-7787-394-0 03810

정가 8,000 원

신의 섬으로 가서

|정표년 시조집|

북랜드

책머리에

소문을 물고 나르는
새들은 분주하고
음정월 달빛 머금고
매화는 필까 말까
주변을 들뜨게 하는 설렘이 한창이다

세월이 아무렇게나
무작정 가지 않고
때맞춰 마련하는
기미를 느끼면서
한마음 보태야 할 것 같은 초조함이 들썩인다

결혼 서른다섯 해, 남편과 예순의
「봄기운」에 떠밀려 예까지 왔다
정리하면서 버리고 싶은 것이 더 많아서
아예 그대로 묶는다
여러 고마운 분들께 감사하는 마음 나누고
표지화를 흔쾌히 그려주신 오영환 시인과
자상한 보살핌 주신 출판사에 감사드린다.

지은이

차례

1 신의 섬으로 가서

어떻게 살다 가야 2

3 소문보다 먼저 와서

멍석 하나 깔아 주던 4

5 네 아픔 내 눈물인 것

흙과 동심 6

1부

신의 섬으로 가서

신의 섬으로 가서

아무도 모르고 있는
신의 섬을 찾아가서

슬픈 일 고픈 일 다
모른 체 눈귀 닫고

한 석 달 잠들고 싶다
깊은 잠에 들고 싶다

행여나 생각날까
혹시나 보고플까

그저런 생각들까지
까맣게 잊어버리고

멍하니 나도 모르게
세월 훌쩍 넘고 싶다

그 어른과 내 기도

새로운 경험이다
그 어른을 만난 후로

내 모든 생각들이
일제히 잠들었는지

여름내 한 줄의 글도
긁적일 수 없었다

방금 만난 사람도 「몰라」 금방 나눈 얘기도 「몰라」
지우듯 잊고마는 이상한 병을 앓는
그 어른 지켜보면서 내 기도를 만들었네

죽기를 바라도록
질기게 살지 말고

아쉬움 남는 그때쯤
조용히 떠났으면

주변에 걱정 안 주고
내 목숨이 그랬으면…….

침엽수의 변명

낙엽목 너는 모르리
내 마음 모르리라

소리없이 옷 갈아입는
내 마음 모르리라

수없이 떨구어내고도
끝도 없이 돋는 미움

봄의 소리는 공기보다 1층 높다

일상의 소리들이
평소보다 조금 뜰 때

내 뜰에 오는 새가
작년에 왔던 새가

친구를 불러들이며
삼이웃이 왁자할 때

아이들 놀이 소리가
내 귀와 층을 맞추고

주변의 구석 먼지가
눈으로 들어올 때

알았어
봄의 소리는
공기보다 높다는 걸

하루나 이틀이라도

하늘이 너무 맑아
눈물이 날 것 같다

가을빛이 너무 고와
가슴이 두근댄다

이런 날 목적도 없이
낯선 길을 가고 싶다

가다가 낯선 사람과
세상 얘기도 나눠보고

한적한 곳에서는
풀꽃들과 소근대며

하루나 이틀이라도
무상으로 살고 싶다

미로 속에 든 이유

한참을 이음새 없는
편한 길을 잘 왔는데

단번에 넘을 수 없는
도랑이 앞을 막네

돌아갈 길을 찾다가
미로 속을 헤맨다

사랑 나누기 사랑

나눔이 있어야 할 곳
돌아보면 널려 있다

물 지난 그 자리도
불타고 난 자리에도

가진 자 손을 내밀고
잃은 자 마음 열고

가진 것은 덤이라고
조금씩 덜어내고

잃은 것은 없는 샘 치고
또다시 시작하고

사랑을 나누다 보면
온 세상은 빛 세상

존재

보이는 그 모두는
세상의 외침이다

들리지 않더라도
그것은 함성이다

그 소리 들을 수 있을 때
눈을 뜨는 것이다

준비

언제고 만나게 될
그 날을 생각하니

가진 게 너무 많아
부담이 클 것 같다

이제는 하나씩 둘씩
덜어내며 살아야지

눈 감고 가는 길

어쩌면 이 과정을
거쳐야만 가나 보다

앉으면 눕고 싶고
누우면 눈 감고 싶고

그렇게 연습한 후에
자연스레 가나 보다

비 오는 날은 잠시

비 오는 날은 잠시
조용히 쉬고 싶다

머리도 텅 비우고
마음도 비워놓고

흩어진 주변도 잠시
손길 한번 안 주고

말하는 몸

내 몸이 말을 한다
쉬고 싶다 말을 한다

실을 만큼 짐 실었고
쓸 만큼을 써댔으니

이제는 가벼이 벗고
쉬고 싶다 말을 한다

짐

스스로 지은 죄의
무게만큼 지고살고

남으로 해 얻은 상처
후비며 키워도 간다

벗으면
아예 버리면
얼마나 가벼울까

어떤 아픔

바라만 봐도 덧나는
상처엔 말 걸지 마

눈빛만 마주쳐도
쏟아질 눈물주머니

손잡아 어루만지면
더 커지는 그 상처

마른 가슴

비 오는 날 비 맞으며
가슴을 적셔본다

마를 대로 마른 가슴
젖어도 갈대소리

거기다 바람소리까지
겹치면 눈물 된다

늦은 깨달음

여벌로 마련해 둔
목숨이 있다 하면

내 자리 비워야 할 때
돌려 쓸 수 있을 텐데

손놓고 누워버리니
차마 적막이더군

사는 게 정신없어 아플 새도 없었는데
어느 날 대책 없이 자리에 눕고 보니
그제야 알겠더라고 돌아가는 이치를

한 사람 없더라도
세상은 돌아가고

남아 있는 사람들은
제 할 일 다 잘하고

없는 자 빈자리에는
뭔가로든 찬다는 걸—

마음의 눈

아직도 안 보인다
내 눈은 밤중이다

우리가 알 때까지
절로 확 깰 때까지

얼마의 세월이 있어야
그런 눈이 떠질까

우리의 부활을 위해

— 2004. 부활절에

부활이 오기까지 부활이 있기까지
우리가 그 얼마나 우리의 부활을 위해
괴롭고 아픈 날들을 더듬더듬 왔는가

못할래 차마 못할래 다시는 못 참을래
그 길을 따라가며 그 길을 되풀이하며
우리의 부활을 위해 한없이 부서지는 일

그러나 피할 수 없네 아니 갈 수 더욱 없네
우리 앞에 주어지는 숙제 같은 이 절망을
견디고 또 견디지 않으면 그 빛을 만날 수 없네

그래서 예까지 왔네 피 흘리며 절며 왔네
그래서 우리 만나네 밤에서 오는 새벽
주님의 빛나는 부활 기쁨으로 만나네

마음껏 기뻐하세 온몸으로 축하하세
스스로 벽 허물고 세상을 향하듯이
우리도 주님의 부활 우리 것으로 바꾸세

고통보다 영광이 크기를

— 2000년 가실본당 이재희(베네딕도) 신부님 첫 미사에

서품 때 엎드려서 무슨 생각하셨어요
무릎 꿇고 손 모으고 무슨 다짐하셨어요
서른 해 보살펴주신 부모 생각하셨어요

주교님이 안수할 때 미색 제의 입으실 때
성령이 몸을 감싸 강한 물결 일던가요
착하신 주님의 종으로 큰 만족을 얻으셨나요

성 김대건 넓은 성전을 좁은 듯 매운 하객들
마음 모아 기도하며 눈물로 빌었어요
신부님 가시는 길은 고통보다 영광이 크기를

목마르고 배고파도 구원의 손길 모자라는
세속의 늪은 깊고 앞길 험하고 멀어도
길 잃고 병든 양들을 모른 체하지 마세요

정말 잘 하셨어요 선택 멋지게 하셨어요
주어진 직분대로 기쁨으로 밀고나가
대희년 오늘의 영광 영원하게 펼치소서

신부님 장하십니다 신부님 고맙습니다
그저께는 아주 작으시더니 오늘은 높고 커 보입니다
신부님 축하합니다 신부님 사랑하고 존경합니다

백년에 서너 분을 어렵게 내신 만큼
온 정성 다 모아서 기도할 것입니다
당당한 아주 당당한 큰 신부님 되세요

성모님 오늘만은

— 2004. 성모의 밤

해마다 오월 하루 그날이 왔습니다
달 가고 해 다 가도록 손꼽아 불과 며칠만
어머니 마주하는 시간이 너무 적어 부끄럽습니다

사는 게 무엇이길래 쫓기고 바둥대고
어쩌다 편안하면 주어진 복이라 하고
어쩌다 힘들어지면 너무 쉽게 푸념도 하고

보기에 그랬어요 남들은 괜찮은 듯
왜 나만 왜 우리만 이렇게 사느냐고
그렇게 원망하면서 나날들을 살았어요

어머니 어진 어머니 부탁 하나 드릴게요
햇살이 우리에게 솔바람이 우리에게
싱싱한 초록을 주듯이 힘과 용기를 빌어 주세요

우리 귀에 들리도록 우리 눈에 보이도록
우리 맘에 느끼도록 느껴서 깨닫도록
주님께 빌어 주세요 꼭 좀 전해 주세요

정성이 모자라면 기도하게 이끄시고
교만이 넘칠 때는 스스로 돌아보도록
바른 맘 맑은 눈길을 지니도록 도우라고 해 주소서

오늘 이 자리 어머니 앞에 한맘으로 모인 우리들은
아주 작은 꽃송이들이고 아슬한 촛불들이지만
오로지 당신께로만 가는 향기이고 불빛이렵니다

어머니 사랑하올 어머니 오늘은 이 오늘만은
가장 착한 맘으로 가장 이쁜 모습으로
어머니 가장 지극한 아들딸들이고 싶습니다

어머니 사랑으로 어머니의 너그러움으로
못나고 건방지고 게으르고 부족했던 저희들을
드넓은 가슴에 품어 기쁨 가득 누리게 하소서

날마다 오늘이듯

— 2005. 성모의 밤에

성모님 오월입니다 꽃들과 초록의 계절
이 계절 좋은 저녁에 어머니 앞에 모였습니다
바쁘게 살아가느라 참 많이 부끄럽습니다

마음도 몸도 모두가 지치도록 나대지만
하나도 우리 뜻대로 이루지 못하면서
그분의 은총 없이는 잠시도 못 살면서

너무나 여린 마음들 너무나 급한 마음들
날마다 상처 받고 날마다 후회하며
해지면 당신 품속만 안식인 듯 찾습니다

어머니 빌어주소서 우리 맘 전해 주소서
미움으로 닫힌 마음 사랑으로 녹여내고
언제나 밝고 눈부신 당신을 닮게 하소서

이 하루만이라도 기쁨을 노래하며
이 순간 잠시라도 온전한 아들딸들로
행복에 취하렵니다 그저 푹 빠지렵니다

그래서 깨어나면 날마다 오늘이듯
슬픔과 아픔이 와도 이 순간 생각하며
어머니 사랑 안에서 살아가게 도우소서

2부

어떻게 살다 가야

꽃에게

나 이제
암말 않을래

너를 두고 뭐라 안 할래

이미 넌 온몸으로
다 말해 버렸잖아

시드는
그 순간까지
아낌없이 보였잖아

여백 만들기

꽉 차야 좋아 보이던
젊은날의 마음자리

어느 날 답답하여
틈 만들기 시작한다

서가며 찬장 옷장에까지
빈자리를 만든다

하늘은 구름 몇 점이
넉넉함을 더해 주고

바다엔 배 몇 척이
여백을 만들듯이

내 마음 세월이 들어서
여백의 멋 일깨운다

그 일

알려고 한 게 아닌데
어쩌다 알게 된 일

때로는 죄스럽고
때로는 후회된다

모른 체 지내는 것이
더 나을 뻔한 그 일

딸 생각

혼자서 목욕을 하다
너 생각에 잠차든다
서로 등을 밀어주며
살갑게 정을 쌓던
너와의 스물네 해가
아른아른 피어난다

다행히 아니 먼 곳에
보금자릴 마련하고
너 아니면 내가 거는
전화로 매일 만나도
이 어미 가슴 속에는
빈터 하나 생겼다

엄마의 엄마였던
외할머닌 어땠을까
전화도 없던 시절
천리 밖에 보내놓고
사진첩 닳도록 만지며
딸 생각에 젖었을까

문상

불 붙여 향 피우고
영정 보며 절을 한다

생전에 그 말씀과
친절을 떠올리며

상주랑 맞절을 하며
병수발을 위로한다

멀찍이 물러나와
고깃국에 밥을 말며

불현듯 나의 그 날이
그림처럼 다가온다

어떻게 살다가 가야
저승길이 윤이 날까

왕초보

오늘 또 낯선 트럭이
골목길에 전을 펴고

두 마리 천 원짜리
오징어를 팔고 있네

어설픈 장사 솜씨가
왕초보가 분명해

단정한 매무새며
결 고운 얼굴빛이

아무리 뜯어봐도
분위기가 아니더라

그 사정 알 턱 없지만
딱지떼기 힘들겠대.

쉼표와 마침표

타고난 복이 이런지
옆도 뒤도 볼 짬 없이

늘 조금 모자라고
바쁘게 허둥댄다

이쯤서 쉼표 하나 찍고
허리 한번 펴보자.

얼마를 지나가면
좋은 날이 있으려나

믿다가 또 속다가
허방짚기 몇 구비를

이러다 마침표 제대로
찍을 수나 있을까.

낯가림

알 것도 같았는데
모를 일이 또 있었네

죽는 그날까지
인간은 미숙해서

새롭고 새로운 일에
놀라면서 사는 갑다.

두려운 일 같은 건
없을 줄 알았는데

갈수록 낯선 만남이
낯가림을 타게 한다

언제쯤 자신감으로
그대 앞에 당당할까.

안경

혼자서 책 읽는 일이
불편으로 다가오고

안경 쓰고 글 쓰는 일도
고통으로 같이 한다

벗으면 안개 자욱한
이 현실을 못 벗는다

옹알이

여빈아 네가 만드는
티 없는 언어들은

세상을 열어가고
사랑을 일깨우는

둘만의 은근한 암호
막 떠들고 싶은 비밀

꽃잎이 벙그듯이
눈 맞추고 입 오무려

온힘을 한데 모아
떨림으로 풀어내듯

숨소리 멈추게 하는
천사의 시 낭송소리

비녀꽃 보며

옥잠화 바라보며
축서암 비녀꽃 보며
스님의 전 전 전생의
아낙이었던 그 꽃은
아마도 어느 불쌍한
여인이었을 것 같다

생각이 많은 날에
곰곰이 새겨보니
어떤어떤 인연으로
지금의 그대 만나
전생의 빚을 갚느라
이리 사는 게 아닌지

그래그래 그렇다면
열심히 살아야지
반질반질 윤기나게
살림도 닦아내고
소중한 연분의 고리
더 단단히 잡아야지

아지뱀 너무 하구마

그렇게 가고 나면 그렇게 가고 말면
노모랑 병든 형은 나 혼자 어쩌라고
아지뱀 너무하구마 너무 일찍 갔구마

아쉬울 때 불러내고 답답할 때 전화하고
이제 어디에다 누구에게 의논할꼬
저승도 야무진 일손이 필요해서 데려갔나

나 시집오던 해 까까머리 중학생이
형님 대신 부모 곁에서 집안살림 돌보더니
결혼을 하고는 곧장 자립한다 하더니

이 저런 일 가리잖고 쌓다가 허물다가
길지 않은 인생살이 고비도 많더니만
이제야 사나보다 했더니 이리 훌쩍 가다니

갖가지 고생들은 저승에서 거름되고
못다한 일 있거든 거기서 이루어요
남겨진 가족들일랑 다 잊고 편히 쉬오

김

잘 마른 돌김 골라 맑은 날 낮시간에
참기름 고루 발라 맛소금 솔솔 뿌려
낮은 불 적당히 맞춰 석쇠로 돌려 굽는다

눈으로 확인하고 손으로 만져보고
길이로 반 자르고 넓이로 삼등분해
투명한 그릇에 담고 뚜껑으로 밀봉한다

부자가 마주앉은 입영 전날 저녁식탁
맛있는 아들 눈빛 흐뭇한 남편 입맛
궂은 날 녹은 김 먹으며 아들 생각에 젖는다

3박 4일

세탁기 돌려놓고
푸성귀 한줌 뜯어

햇된장 끓이면서
아침을 준비한다

언제나 그 아침을 맞듯
너무나 태연하게

단단한 어깨하며 편안해진 얼굴하며
군복을 입은 모습이 이제 제법 의젓하다
음료수 사 달라 보채던 어린 날의 아들이

스쳐만 지나가는
대구의 봄날같이

3박 4일 짧은 날을
어떻게 해야 하나

이라크 출정을 앞두고
함께 하는 이 시간

가을 문턱에서

기록을 연일 깨던
더위도 물러가고

어느새 가을빛이
피부로 다가든다

벼들은 바른 자세에서
천천히 고개 숙이고

이저런 탓을 대며
멀리 하던 책상에서

먼지도 닦아보고
책장도 들춰본다

낯설어 서먹서먹하던
활자들도 반긴다

자매

무던히 참고 살던
옛날의 어머니로

어느새 회갑 넘기고
언니는 늙어 있다

손주랑 며느리 앞에
함박웃음 쏟아내며

엄마의 빈자리를
대신해 주던 손길

몸은 서로 나뉘어도
마음은 둘 아닌데

이제는 언니도 나도
추억 속으로 다가간다

청도 금천

금천면 신기리에는
나들이 길손을 잡는

빛 아직 잃지 않는
강줄기가 누워 있고

둘레로 펼쳐진 그림이
판소리를 뽑을 듯하다

강가의 하얀 집에
전설을 만들어가는

나무들 나이 먹듯
자연과 세월 쌓는

시인의 화실을 지키는
오염 없는 비단 한 필

생활에 거는 최면

웃음에 익숙하리다
기쁨에 넉넉하리다

그렇고 늘 그래도
남은 날 기대하며

아무리 넉넉한 슬픔이
주변을 좁혀와도

가슴에 묻혀 있는
그 어둠 아니라도

예기치 못한 돌부리
언제 체일지 몰라

공허한 웃음 만들며
좀더 넓은 몸짓하며

오십견

이제는 한쪽 어깨를
내놓고 살라 한다

달래며 부리다가
밤이면 잠을 쫓는

통증을 껴안고 운다
어찌 할 수가 없다

이렇게 한 부분씩
빼앗기다 빼앗기다

어느 날 목숨까지
거둬갈 날 있으리니

서서히 마무리하며
하루하루 넘겨야지

옛집

그 누가 살 적에는
살갑기도 했을 뜨락

닳도록 쓸고 또 쓸고
윤기나게 쓰다듬던

그 손길 느껴지기에
낯설지 않나 보다

새 기일을 적으며

이승과 저승길이
멀고 먼 줄 알았는데

이승은 스쳐가는 곳
그냥 잠시 머무는 곳

아지뱀 떠나고 난 후
새삼스레 느끼오

새해의 달력에다
기일을 적으면서

남아 있는 우리들이
제수 모아 향 피우고

떠나는 그날까지만
잊지 않으려하오

풍속

아직은 볼 만하대
벌초꾼 기나긴 행렬

효자들이 더 많아서
괜찮은 세상이야

우리가 떠나간 다음
그 뒤야 알 수 없지만

예감

오늘은 괜히 설렌다
누가 꼭 올 것만 같다

비질도 한 번 더하고
걸레질도 거듭하며

눈길은 그러지 말자 해도
대문께로 자주 간다

아들에게 엄마가

아들아 잘 지내니
이라크 아르빌에서

흙먼지 바람이 거센
기후와도 잘 사귀니

잘 맞는 이곳 날씨도
변덕스런 봄날에

여섯 달 참 길구나 아득하게 느껴지던
그때가 엊그젠데 훌쩍 석 달 넘겨놓고
이제는 남은 세월이 그래저래 갈 것 같다

매인 몸 잘 견디고
주어진 명 지키면서

동료들 위아래로
내 몸같이 서로 지켜

평화를 심고 오너라
기도하며 기다리마

3부

소문보다 먼저 와서

눈물

—이산가족 상봉을 보며

이 땅에 난리 났다
남과 북이 길 열었다

갇혔던 눈물들이
터져나와 강 이루고

순간에 한이 풀리며
봄바람이 싱그럽다

참아온 세월 있어
이날이 있음이지

이 기쁨 적시려고
오십 년이 필요했고

나누인 혈육 없어도
하나되어 울었다

2001-9-11-미국

그것은 영화였다
기막힌 장면이었다

아무리 미움이 커도
그토록 엄청난 일을

겁 없이 덤빈 무리들은
온 인류의 적이다

가만 있지 않을 거다
당한 만큼 갚을 거다

아니면 그 이상을
반드시 돌려줄 거다

겁없던 그들이 떨도록
응징하고 말 것이다

6월의 축제

—2002 월드컵

초록만 목 쉰 게 아니야
전국이 타올랐어

어떻게 이들이 모여
감격으로 떨게 하고

저렇게 목이 터져라
애국하게 하는지

그동안 맺힌 한을 가슴가슴 쌓인 원을
이렇게 풀 수 있다니 시원히 펼 수 있다니
온몸을 던지는 그들을 모른 체 할 수 있나

다함께 가슴 조이고
다함께 기쁨에 울고

모처럼 한곳을 향해
열정을 토해내며

잊었던 나를 찾았고
잃었던 우릴 찾았네

품안이

"공사중 불편을 드려 대단히 죄송합니다"
공사장 팻말에는 언제나 정중하게
안전모 옆구리에 끼고
허리 굽혀 절하는…….

그런데 그 현장에 땀 흘리는 사람들은
하루하루 대충대충 지나지는 않겠지
그곳을 지날 때마다 노파심이 생긴다

이 사회 구석구석 허술한 곳 하도 많아
애초에 다진 마음 한결같길 바라는 맘
품안이 듬직한 얼굴 가장 같고 아들 같다

보행자 통로

지하철 공사장 옆
엉성한 철망 벽으로

오솔길처럼 만든
사람들만의 그 길은

어떨 땐 딴 세상으로 가는
아늑함을 느낀다

혼자서 길 중간쯤
가다가 우뚝 서서

두리번 두리번
주위를 살피다가

호젓한 적막을 즐기며
느릿느릿 걷는다

만약에 이 통로를
그 사람과 지난다면

손잡고 흔들면서
장난끼도 부려보고

은근한 눈빛도 나누며
추억으로 가겠는데

어쩌다 이 길에서
치한을 만난다면

목숨을 벌기 위하여
치욕을 넘기게 될까

갑자기 등골이 오싹해
서둘러 빠져나온다.

달래줄 무엇을 말해 주세요

—2003 대구지하철 참사

그 시간 주님께선
무얼 하고 계셨나요

늦잠을 주무셨나요
볼일 보러 가셨나요

한국의 대구 중앙로역
지하철이 불탈 적에

이럴 순 없습니다
이래서는 안 됩니다

수백 명 층층의 목숨
동시에 데려가서

그쪽의 비워둔 낙원에
마을 하나 만들었나요

그러면 그렇다고 미리 좀 알려주시지
여기 남은 사람들의 애타는 마음들을
달래줄 무엇을 찾습니다 그 무엇을 말해 주세요.

고은의 「남북」

미지의 세상을 쓰듯
고은은 「남북」을 써서

목쉰 듯 낮은 소리로
그의 시를 읽으며

오십 년 가슴에 고인
분단을 노래한다

김 선생의 고열

참 많이 변해간다
인심도 날이 서고

잡았던 손을 놓고
낯선 손을 끌어당기며

울분을 삭이지 못한
김 선생은 열이 높다

독도

물 속에 잠겼다고
함부로 논하지 마라

오랜 세월 역사 속에
엄연히 새겨 있는

내 조국 아픈 시련들을
나도 함께 겪었거니

가까이 형님 섬이
닿을 듯 있다만은

돌 사이 풀나무 키우며
새들도 쉬게 하는

내 사명 이 정도로도
그저 만족하느니

증인들

내 차마 그러긴 싫다
드러내 펼치긴 싫다

시치미 떼고 앉아
찾아내길 기다려라

확실한 증거 없이는
찾아내지 못할 거다

하늘과 땅이 알고
그들만 알고 있고

소문은 무성해도
양심에 빗장 걸고

변죽만 울려라 계속
흔들리지 않는다

횟집 풍경 · 1

자리에 앉자마자
걸쭉한 욕 한자리

광어나 우럭이나
모듬이나 막썰기나

많이만 주면 좋겠소
공사장 아저씨들

소주에 줄담배에
힘든 하루 녹아들고

품삯을 나누다가
티격태격 소리 높고

얼큰한 취기가 돌면
어깨동무하고 간다

횟집 풍경 · 2

낮부터 방에 들어
술, 담배 서슴찮고

영이네 욱이네까지
입방아에 오르내리고

해질녘 불빛 진하면
저녁 걱정 앞선다

요즈음 남편들은
제 시간에 못 오니까

느긋이 노닥거리며
시간을 버리다가

후다닥 일어서 간 뒤에
휴대폰이 울어댄다

횟집 풍경 · 3

양복에 넥타이 매고
점잖게 자리잡더니

막소주 회 몇 점이
사람을 바꿔간다

타이는 절로 풀리고
팔다리도 늘어지고

동행한 사람도 「너」
서빙하는 사람도 「너」

이제 「너」로 막가잔다
위아래도 없어지고

빙그레 웃는 모습은
악인 같진 않은데…….

횟집 풍경 · 4

말이사 바른 말이지
나라꼴이 이래서야

하라는 일은 안 하고
싸움질만 해대싸니

회보다 더 좋은 안주는
정치판과 경제판

생활은 높아지고
가치는 떨어지고

돌아가는 온갖 품새가
영 아닌 이 세상을

어떻게 맨 정신으로
바라볼 수 있겠노.

횟집 풍경 · 5

네 식구 나들이 날
남매가 출동이다

딸애는 배구선수
주말이면 꼭 들린다

모듬회 한 접시 놓고
따뜻함이 오고 간다

땅콩도 한 접시 더
닭똥집도 한판 추가

야채도 한 대접 더
뚝배기도 자불자불

주어도 더 주고 싶은
밉지 않은 단골손님

가난한 자의 등극

상당히 지친 후에
그대는 일어섰다

줄기차게 앞만 보고
달리고 달리다가

쓰러져 한참을 그렇게
헤매다가 일어섰다

광고

언제나 소문보다
먼저 와서 귀를 열고

꽃소식 번지듯이
가슴 절로 환해지는

그런 일 만들어가는
새 일꾼을 찾습니다

암각화 앞에서

저들이 거기 있음에
우리가 간 것이지만

저들과 우리 사이는
좀 멀리 떨어져서

추측이 알려주는 숫자로
여러 가늠을 해 본다

잠자는 흔적들과
깨어 있는 우리들이

눈으로 만나서는
생각을 옮겨와서

먼 훗날 누군가에게
또다른 역사가 된다

4부

멍석 하나 깔아 주던

동창회

친구야 곱게 늙자
마음까지 주름 펴고

어느 날 느닷없이
우리 앞에 오는 늙음

그래도 우리는 옛날 그때처럼 살아가자

그때는 멋모르고
좋아하고 시샘했지

마흔 해 건너와서
속맘들 펴 보이며

소리내 웃어도 보고 눈흘김도 해 본다

첫사랑은 덮어주고
미움들은 씻어주고

흐르는 세월이란
참 좋은 약이구나

사십 년 흐른 뒤에도 이대로들 변치말자

동해를 닮은 친구

동해를 다녀와서
그 물빛을 만나고 와서

눈 떠도 눈 감아도
검푸른 빛 가득하다

청마의 거친 파도도
잔잔하게 달래놓고

마흔 해 잊고 살던
우리들을 불러다가

갖은 시름 털고 가라
멍석 하나 깔아주던

친구의 넉넉한 인심이
동해를 닮아 있었다

첫사랑의 그 가을

처음으로 난생 처음으로
설렘을 알던 그때

가을이 서러워지고
혼자 있음이 싫어지던

그것이 사랑이었던가
설픗한 눈뜸이던가

쉰 넘어 할매가 되어
가을을 타는 건지

가슴 깊은 곳에서
낙엽 쓸듯 바람이 일어

잊은 듯 숨겼던 시절을
새삼스레 들춘다

옮겨간 후

오봉산 한쪽 자락이
시무룩 풀죽었다

너 있던 그 자리는
날마다 빛이더니

며칠새 자리에 앉은
산그늘이 짙구나

힘없어서 힘든 날

손쓰기 늦었다는
가장을 눠어놓고

친구는 여기 저기
명약 찾아 뛰느라고

한달새 반쪽이 되어
휘청휘청 안쓰럽다

이별도 하기 전에
이별이 너무 아파

살아온 날 모두가
죄 같아서 운다는 너를

뭐라고 어떻게 말해야
힘이 될 수 있겠니

고맙다 참 고맙다

그 여름 유행감기로
죽을 고비 넘긴 후에

엄마의 친구분이
내 손을 잡으시고

힘들게 하시던 말씀
고맙다, 참 고맙다

암이란 불치병으로
씨름하는 친구 보고

아닌 척 웃고 떠들다
돌아서 나오면서

몇 달 뒤 나도 그에게
그 말할 수 있으면……

6월이 내게 와서

해질녘 누굴 만나도
설렘이 없었는데

그 전달 고령에서
벚꽃비를 맞고부터

실없는 웃음을 흘리는
괴증상에 시달린다

이러다 내 몸 어디 열꽃이라도 돋는 날에
들키고 말 것 같은 조바심도 생겨나고
꿈에도 생각지 않던 걱정까지 늘었다

6월이 내게 와서
씩씩하게 걸어와서

잘 자란 모습으로
튼실한 팔 벌리고

초록에 안기라 하면
다 잊고 안기라 하면…….

좋은 친구

만나고 새로 얻은
병인 듯 싫어진다

일손은 느려지고
생각은 많아지고

어떨 땐 예정에 없는
외출복도 입게 된다

무심코 하는 말도
귀가 번쩍 열려오고

은근히 속 깊은 얘기
스치듯 던져보면

정말로 기가 막히게
맘 아귀가 잘 맞는다

유년의 우물 · 1

2학년 운동회날
달리기 선수로 뽑혀

나보다 큰 친구와
청백을 대표했던

아직도 그날의 함성
눈 감으면 떨린다

그 가을 교탁 위에
황국분 앉혀놓고

당기듯 빨려들어
멋지게 그려냈던

그것이 그림과 나의
행복했던 첫느낌

4학년 끝날 무렵
졸업생을 위한 잔치

「옥이와 노랑새」라는
율동 보탠 구연동화

기억들 마르지 않는
내 유년의 우물물

유년의 우물 · 2

4학년 겨울방학
붓글씨 숙제 제목

「우리 나라 대한 민국」
자랑스런 여덟 글자

습자지 팔십 장 넘게
쓰고 쓰고 또 썼지

방안은 넘치도록
먹향기로 진동하고

바닥은 틈도 없이
습자지로 가득하고

아직도 미완의 그날
아쉬움이 남는다

하동에 사는 친구

하동에 사는 친구 친구를 찾아 갔네
눈 올 때, 벚꽃 필 때, 한여름 복더위에
친구는 우리 기다려 밤잠도 설쳤다 했네

보통의 사람들이 그냥 그래 살아오듯
친구는 살지 않았네 독하게 살아왔네
그래서 이제 나눈대 이웃에게 주면서 산대

그래그래 그래야지 친구야 고맙구나
어릴 적 베품받은 작은 정 한가닥이
네 가슴 크게 했구나
네 마음 넓게 했구나

5부

네 아픔 내 눈물인 것

세월의 변덕

너 없이 못살 것 같은
그런 날도 있었는데

너 때문에 힘들다고
세월이 변덕을 부린다

이럴 때 아주 조금만
내 가슴이 넓었으면

이렇게 살아 있음이

한계절 아무것도
못하고 지냈구나

몇 년 새 늙어버린
형제들 떠올리고

또 그새 훌쩍 커버린
아들아이 바라보며

용하다 참 용하다
이렇게 살아 있음이

도저히 아닌 것 같은
그 삶을 부여잡고

절대로 안 될 것 같은
그 사람과 살고 있음이…….

아픔

볼 것은 다 보면서
들을 소리 다 들으며

가슴에 응어리진
그 소리는 못 뱉아서

언제나 납덩이 하나
목울대에 걸렸다

네 아픔 내 눈물인 것

나 아직 혼자 삶이
익숙하지 않을 것 같다

너 좀 더 버텨 봐라
준비되면 보내주마

조용히 그날까지만
미워하지 말자꾸나

정이란 올가미에
서로 얽혀 풀지 못해

말로는 할 말 못할 말
상처주고 미워해도

네 아픔 내 눈물인 것을
보여줄 수 없구나

초점을 향해

노여움 떨구고 와서
참지 못해 던지고 오며

귀갓길 버스 속에서
속앓이로 가슴을 친다

초점을 맞추기 위해
한발 한발 다가서며

늦은 약속

첨부터 그런 호강
나 바라지 않았었다

이제 와서 손 붙잡고
미안해 하지 말고

남은 날 금쪽같은 날들
남들같이 살자꾸나

빈자리 지키면서
너의 존재 확인하고

수없이 날 달래며
견디자고 다짐하며

푸석돌 온기 없어도
가슴으로 보듬는다

세월의 탑

올 때를 맞춰 알고
갈 때를 알고 가는

계절은 참 용하다
속일 줄도 모르고

일 년을 그렇게 맴돌고
쌓은 탑이 오십오 년

옆에서 바라보면
모도 나고 휘기도 하고

어쩐지 위태롭다
어딘지 불안하다

흔들면 흔들릴 것 같아도
넘어지진 않았다

고엽제

근육을 앓던 그대가
오늘은 두통을 앓는다

날마다 구석구석
통증이 옮겨가며

조금씩 축내고 있다
목숨을 갉고 있다

억세게 싸우고 있다
싸워서 이기려 한다

독한 약을 지르다가
쓴 술을 들이붓다가

그 모두 거절하는 날
아픔까지 잠들려나

어떻게 이 세상을

어떻게 이 세상을
그냥 훨훨 넘으려 하니

깊은 곳도 밟아보고
높은 곳도 올라보고

가다가 힘이 들 때는
잠시 쉬기도 해야지

내 삶이 변명 같지만
감당하기 어려울 때

스스로 위로하며
그렇게 살고 있다

이렇게 가다가보면
어떤 끝이 오겠지

혼자서 울고 싶을 때

혼자서 울어 봤니
숨어서 울어 봤니

뜻대로 안 되는 일
맘대로 못 하는 일

그 모두 가슴에 담고
소리 없이 울어 봤니

그랬다 난 그랬다 혼자서 울어 봤다
가고자 하는 길로 가볼 수 없을 때나
하고자 하는 일들을 못했을 때 그래 봤다

사는 게 다 그렇지
그렇게 체념해도

문득문득 이게 아닌데
가슴 치는 답답함에

흐르는 눈물 감추려
수도꼭지 확 틀었다

고픈 시간에 빚는 詩

시간을 축내면 곧
생활이 축나는데

내 현실 그 때문에
시간이 늘 고프다

즐기며 하고 싶은 일들
엄두도 못 내보고

힘들게 마음 깎아
손맛눈맛 곁들여서

눈물바람 한숨바람
섞어서 빚어내도

모양도 맛도 향기도
볼품없는 과일이다

겨울바다

혼자서 가고 싶다
혼자서 보고 싶다

일체의 말을 끊고
조용히 만나고 싶다

파도는 있어도 좋고
없어도 상관 없다

그래서 알고 싶다
속내를 알고 싶다

어떻게 견디는지
어떻게 감싸는지

바다는 넓이만으로도
해답을 줄 것 같다

안개 숲

폼나게 살지 못해도
구김은 없어야지

목까지 차오르는
너의 어깃장에

맞장을 뜨지 않음은
천사라서가 아니야

한때는 녹색견장에
지휘봉이 윤나더니

어느 순간 빗길에서
바른 길을 찾지 못해

자욱한 안개 숲에서
헤어날 줄 모르게.

다만 순한 양

장지에 다녀와서
너는 또 무너진다

죽음도 어찌 보면
삶의 연장인데

너무들 사는 일에만
피를 말리고 있네

열심히 앞만 보고
살아온 그 사람도

진흙탕 비바람 속을
휘젓고 산 사람도

목숨이 다하는 순간은
다만 순한 양인 것을.

사는 일

어떻게 내가 사는지
무엇하며 지내는지

알려고 하지 말고
알아서 걱정 말라

사람의 사는 일들이
생각대로 안 되는 걸

살아보니 알겠더라 살고나니 그렇더라
잘살고 싶었는데 당당하고 싶었는데
그렇게 잘 안 되더라 마음 같지 않더라

살아온 날들처럼 노력은 하겠지만
어떻게 될 것인지 모르는 내일 있다
그 길이 어떤 길이든 주어지면 가리라

빨래

화나서 울고 싶을 때 덮던 이불 죄다 뜯어
돌린다 강한 물살로 정신없이 돌려댄다
지쳐서 쳐질 때까지 씩씩거리며 돌린다

한번 더 입겠다고 걸어둔 옷들까지
그날은 별수 없이 잡히는 대로 끌려나와
때 없어 억울하지만 꼼짝없이 같이 돈다

빨랫줄 넘치도록 모양대로 펼쳐 널고
서서히 날아가는 가슴의 습기까지
만져서 뽀송뽀송한 그 기분을 되찾는다

화해

우리가 얼마만인데
왜 이리 어색하지

낯선 것도 아니면서
손 먼저 못 내밀고

어정쩡 바라만 보다가
눈물 절로 핑 돈다

마주하고 못하는 말

그대가 오지랖에
싸안고 가는 그 말

세월도 아니겠고
미련도 아니겠고

그 아직 못다 건네준
말 한마디 아닐는지

맞대고 하지 못한
쉽고도 어려운 말

툭 그냥 던지기에는
무겁고 버거웁던

입안에 뱅뱅 돌다가
삼키고 마는 그 말

예순 고개

저만치 나앉아서
기다리지 않더라도

올 것은 그냥 오고
갈 것은 잡아도 가지

조바심 안달 안 해도
때가 되면 오고 가지

그 이치 알 때까지
모서리 다 깎이고

참을 수 없던 것도
저절로 참아지고

자꾸만 뒤로 밀려도
그냥 가만 웃기도 하지

젖은 손 닦다가

젖은 손 물 닦으며
한번씩 생각한다

이 손으로 하는 일들
어느 날 뚝 그치면

나 대신 누군가가 또
마른손 적시겠지

닦은 손 마주하고
손금을 따라간다

세월보다 나이보다
더 많아 보이는 잔금

그어진 선과 선 사이
숨은 얘기 찾아본다

*6*부

흙과 동심

흙 · 41

— 풀, 더덕, 도라지

올해는 지고 말았어
풀한테 지고 말았어

도라지 더덕 심어
네댓 벌을 매 봤지만

풀보다 약한 도라지
풀보다 약한 더덕

게 중에 명이 긴 놈
몇 포기 살아 남아

그래도 나 여깄소
잎새 빤히 뜨고 있는

용하다 저 질긴 생명
인생살이 한 면이다

흙 · 42

— 벼

직파로 벼 심었어 그냥 훌훌 씨 뿌렸어
일손도 없는 데다 품삯도 만만찮아
묘 키워 이앙하는 일 한손 벌어 보겠다고

지난해 「매미」 탓에 다된 농사 엎어치더니
올해는 고맙게도 날씨가 부조를 했어
기계로 알곡을 털어 삼사일에 쌀 얻었지

햅쌀밥 지어놓고 마주앉아 밥을 먹네
깨소금 간장에다 무생채 곁들여서
고소한 땀의 결정이 눈물 피잉 돌게 하대

흙 · 43

— 감자 심기

묵혀둔 땅을 갈아
봄기운을 불어넣고

얼지 않은 마음들만
골잡아 놓아 묻는다

그 다음 하늘과 바람
그리고 땀과 사랑

흙 · 44

— 녹두

한 알의 낟곡식이 우리 입에 들기까지
몇 번의 손이 가는지 얼마의 공이 드는지
한번쯤 생각하면서 그 곡식을 먹을 일이다

심기 전 그때에는 그냥 낟알 곡식일 뿐
손질한 땅에 묻혀 생각을 틔운 후에
비바람 병충해까지 갖은 시련 겪고 나면

미색꽃 서러움 지고 눈물어린 꼬투리는
손으로 받아들면 그것은 보석이다
땀방울 빗방울 햇살 바람이
잘 버무린 보석이다

흙 · 45
— 땅콩

콩 한 알 넣고 밟고 또 한 알 넣고 밟고
더디게 싹이 트고 천천히 꽃이 피고
줄기에 실발이 내려 땅 속 역사 엮는다

건들마 불어오면 잎에는 검버섯 피고
줄기는 갈색을 띄며 신호를 보내온다
쟁기로 포기를 젖히면 흰 구슬이 주렁주렁

땅콩을 움켜 딴다 가을을 거머쥔다
흰주머니 속을 열고 붉은 얼굴 깨물면
비리고 고소한 그 맛은 떠나보낸 그리움이다

흙 · 46

— 고구마

줄기가 일을 냈네 땅이 쩌억 갈라지며
와아 정말 신기해라 땅 속에 붉은 보석
이렇게 변신을 해도 욕심들은 끝없네

흙 · 47

— 박

구덩이 거름 주고
덩굴손 잡아 주고

뻗을 곳 길 잡으니
신바람 났나 보다

여기도 저기도 두둥실
복덩이가 커 가네

흙 · 48
— 더덕

어디든 감아야 해
어디든 뻗어야 해

나만의 향 품으며
자꾸자꾸 뻗어야 해

한 해에 한귀만큼만
뿌리도 철이 들지

흙 · 49

— 호박

젊어서 사랑받고
늙어서는 대접받고

잎으로 정을 싸고
줄기로 울을 싸고

사람은 속 깊은 이맘
헤아릴 줄 모르지

흙 · 50

— 아기염소

어미염소 배 속에서
세상으로 쏟아지며

"음매에…" 비틀비틀
금방 서서 젖을 찾네

까맣고 반질반질한
비로드 옷 입었네

≪동시조≫

우리 맛

참기름 간장 깨소금에
흰 쌀밥을 비벼 봤나

엄마가 떠먹여 주던
그 사랑을 먹어 봤나

소세지 햄 피자하고는
아주 다른 우리 맛

우리 엄마

엄마는 참 용하지
어떻게 그걸 알까

아빠가 말 안 하셔도
내 눈치만 슬쩍 봐도

무엇을 원하시는지
뭘 숨기고 있는지

아빠 사진

아빠는 참 무섭다
웃음 한 번 안 웃는다

내 거짓말 아시는지
그윽히 눈총을 쏘며

스스로 반성하라고
입 다물고 계신다

엄마 냄새

앞치마 끝자락에
묻어 있던 엄마 냄새

지금도 눈 감으면
향기로 다가온다

한겨울 설거지 끝내고
방문 열고 들어설 때

봄이 되면 궁금해

꽃눈이 피고 있다
잎눈도 피고 있다

해마다 봄이 되면
약속한 듯 돌아오는데

그런데
할머니는 왜
다시 오시지 못할까

술

아빠가 약이라던
반만 남은 호기심을

흉내 한번 내보다가
하늘 땅 뱅글뱅글

이렇게 이상한 약을
꼭 먹어야 병이 났나

투정

소리 내 울음 울다가
엄마 눈치 슬쩍 본다

울 테면 울라는 듯
무심한 엄마 얼굴

울다가 재미 없어서
제풀에 뚝 그친다

가을 달력

친구야 보고 있니
달력을 보고 있니

시월의 달력 속에
주렁주렁 열린 과일

뚝 따서 한입 가득히
너랑나랑 나눠 먹자